Dieses Buch gehört

Auf dem Bauernhof

In der Früh, mit lautem „Kikeriki“,
weckt Gockel Hans das liebe Vieh.
Zwei Schweinchen möchten jedoch noch ruhn,
für sie gibt es am Tage noch genug zu tun.

Im Hühnerhaus legt derweil
Huhn Berta grad ein großes Ei.
Sie will dieses Ei bebrüten
und es Tag und Nacht behüten.

Bäuerin Anna füttert jeden Tag ihr Federvieh –
vergessen hat sie das noch nie.
Heut' zwischen den Hühnern sitzt eine Raupe zart und klein,
sie hat Angst, denn sie will kein Hühnerfutter sein.

Im Schweinestall ist echt viel los,
da ist die Freude riesengroß.
Der Nachwuchs ist nun endlich da,
gesund und hungrig – wunderbar!

Die Pferde galoppieren vor Begeisterung munter
die Koppel rauf und wieder runter.
Sogar die Hasen hoppeln vor Freude umher,
da staunt selbst Maulwurf Erwin sehr.

Viele Katzen leben gern auf dem Bauernhof,
doch das finden die kleinen Mäuse doof.
Damit die Miezen sie nicht entdecken,
müssen sie sich gut verstecken.

Bauer Paul ist von seiner Kuh Lotte total entzückt,
denn manchmal verhält sie sich ganz verrückt.
Mutig balanciert sie auf dem Bretterzaun –
die Kuh ist fit, man glaubt es kaum!

Kuh Hanny liebt stattdessen die Freiheit sehr,
drum fällt das Einfangen des Tieres schwer.
Schweinchen Fritz nimmt derweil Reißaus,
läuft in die weite Welt hinaus.

Neben dem Glücksgefühl am Morgen
plagen den Bauern auch große Sorgen.
Zwei fette Gänse wurden von Füchsen entführt,
diese Tat hat den Bauern zu Tränen gerührt.

Doch Bauer Paul kann sich auf Hasso echt verlassen,
der Hofhund versucht, die Diebe sofort zu fassen.
Und tatsächlich, mit viel Geschick und Glück,
bringt der treue Hund die Gänse heil zurück.

Währenddessen steht Bauernsohn Kai unter Schock,
denn er wird gejagt vom alten Ziegenbock.
Kai flieht vor dem erbosten Tier,
zum Glück ist der Ziegenbock kein Stier!

Gülle fahren macht dem Landwirt keinen Spaß,
er rümpft dabei die eigne Nas'.
Denn die braune Brühe stinkt extrem,
der Geruch ist sehr unangenehm.

Zur gleichen Zeit liegen die Schafe voller Wonne
unterm Apfelbaum in der warmen Sonne.
Die kleine Lisa hat sich dort im Baum versteckt
und einen roten Apfel für sich entdeckt.

Eine Vogelscheuche steht mitten im Getreidefeld,
mit Lumpen bekleidet, für wenig Geld.
Die Raben lieben die Vogelscheuche sehr,
Angst macht sie ihnen schon lange nicht mehr.

Am Nachmittag will der Bauer einen Ausflug wagen,
das lässt die Herzen der Tiere höherschlagen.
Mit einem Traktor samt Anhänger geht es los,
die Freude darüber ist bei den Tieren groß.

Am Abend kehrt auf dem Hof Nachtruhe ein,
zum Schlafen kuscheln sich die Tiere ins warme Stroh hinein.
Auch Bauer Paul, er fand den ganzen Tag sehr nett,
geht von der vielen Arbeit müde ins Bett.

Angelika Kipp

Hasso

Milch
Frische Eier!

„Schaut alle her!“, ruft Henne Berta begeistert. „Die Entenkinder sind sooo niedlich!“ Kuh Lotte mampft zustimmend nickend das saftige Gras, das sie besonders gerne mag. Schweinchen Henry und Schaf Polly schauen schmunzelnd der Entenfamilie, die langsam zum Teich watschelt, hinterher. Ente Emily ist der Weg zum Teich jedoch zu weit. Sie nimmt ein erfrischendes Bad im Wassereimer.

Mutter Storch brütet ausdauernd auf ihrem Nest. Nanu, wer hat sich denn dort ins Nest verirrt?! Hast du Frosch Fritz schon entdeckt? Bevor ihn der Storch verspeist, sollte er sich lieber aus dem Staub machen.

Oh jemine! Hier liegt ein fürchterlicher Gestank in der Luft. Bauer Paul verteilt die Gülle, eine stinkende Brühe, auf seinen Feldern, um sie so zu düngen.

Schweinchen Dick macht dieser schreckliche Geruch nichts aus. Genussvoll springt es durch die dickste Matsche.

Auch Esel Emil, das sture Tier, lässt sich vom unangenehmen Gestank nicht vertreiben. Er bleibt auf der Stelle stehen und bewegt sich keinen Zentimeter. Da hilft auch kein Ziehen und Schieben.

Zwei Langohren schauen diesem Treiben interessiert zu. Hast du sie schon entdeckt?

„Juchhu, wir machen einen Ausflug!“, jubeln einige Bauernhoftiere. Das Schwein und die Kuh klettern zuerst auf den mit Stroh gepolsterten Anhänger. Es folgen die Gans Truthilde, die Katze und ein Langohr. Das Huhn macht es sich auf einem Schweineohr bequem. Da es auf dem Anhänger sehr eng ist, dürfen die daheimgebliebenen Tiere am nächsten Tag ebenfalls an einem Ausflug teilnehmen.

„Auf geht's!“, ruft Bauer Paul und startet den Traktor.

Kälbchen Elly ist noch zu klein für einen Ausflug. Zum Trost bekommt es eine große Flasche Milch zu trinken. Auch ein Küken muss noch zu Hause bleiben.

Hofhund Hasso soll derweil den Hof bewachen. Das macht er wie immer ganz besonders gewissenhaft. Doch wer nascht denn da aus seinem Futternapf?

Der Bauernhof ist für Lina und Jule wie ein riesiger Spielplatz. Heute spielen die beiden Mädels mit Schweinchen Quiek verstecken. Sie suchen nach seinem Ringelschwänzchen, doch bisher haben sie es noch nicht entdeckt. Quiek hat wirklich ein super Versteck.

Hast du das rosa Tier schon entdeckt?

Mieze und Hasso haben das Schweinchen bereits gefunden!

Oh, da hat sich neben dem Schwein auch noch ein Mäuschen versteckt! Bevor die Katze es findet, sollte es lieber schnell verschwinden. Findest du auch das zweite Mäuschen?

„Nanu, was macht denn die Kuh dort auf dem Zaun?“, Bauer Paul wundert sich sehr. „Na ja, vielleicht freut sich Lotte, dass sie immer so viel Milch gibt.“

Während die Kuh Lotte stolz die Milchkanne schwenkt und mutig auf dem Zaun balanciert, lässt sich Hanny nicht zum Melken einfangen. Die schwarz-weiße Kuh ist eine schnelle Läuferin, deshalb hat sie viel Spaß an diesem Fangspiel.

Huhn Berta, das gerade ein Ei legt, lässt sich von diesen Ereignissen überhaupt nicht beeindrucken.

Und Schweinchen Schwarte und Hund Leo beobachten das wilde Treiben lieber aus ihren Verstecken heraus. Kannst du sie sehen?

„Glaub nicht, dass wir uns vor dir fürchten!", lachen die Raben verschmitzt und leisten der Vogelscheuche gern Gesellschaft. Eigentlich sollten die Vögel vor diesem Lumpenmann Angst bekommen, aber die Raben finden ihn nur lustig.

Schweinchen Ringel findet das auch zum Lachen. Hasenmama Hoppel und ihr kleiner Sohn Moppel freuen sich heute besonders auf die leckere Möhre, die ihnen Moritz zum Knabbern bringt. Doch sie werden beim Essen gestört.

„Wer hat von meinem Apfel gebissen?", empört sich eine piepsende Stimme. Die kleine Raupe ist ärgerlich und zieht einen Schmollmund. Eigentlich wollte sie dort länger wohnen, aber jetzt ...

War vielleicht Schweinchen Ringel der Übeltäter? Das rosa Tier mag besonders gerne Äpfel.

Auch die kleinen Mäuse sind auf der Suche nach leckeren Getreidekörnern. Hast du sie schon entdeckt?

„Kikeriki!", schallt es auf dem Bauernhof bis in die letzte Ecke. „Meine Güte! Muss der Gockel so früh am Morgen immer so laut krähen?", denken die beiden Schweinchen Dicky und Quiek, die noch mit geschlossenen Augen müde an der Gartenmauer lehnen.

Zum Glück gackern die Hühner nicht mehr so laut, da die Bäuerin sie bereits mit leckeren Körnern füttert. Auch die Küken sind schon unterwegs. Wie viele hast du entdeckt?

Der neugierige Maulwurf Erwin mit seinen rosafarbenen Pfötchen ist auch schon aus seinem Bau geklettert um einmal nachzusehen, wer da schon in der Frühe solch einen Lärm macht.

„Hilfe! Hilfe!“, schreit Kai, der Bauernsohn, der gerade von einem wild gewordenen Ziegenbock verfolgt wird. Da Kai aber sehr sportlich ist, kann er seinen Verfolger abschütteln.

Während die Hasen vergnügt Fangen spielen, hat es sich Mausi Maus in einer Hängematte am Hühnerstall so richtig gemütlich gemacht. Hier kann sie in Ruhe ihren Mittagschlaf halten. Hoffentlich entdecken sie die drei Katzen nicht. Hast du die Katzen schon gesehen?

Der Esel Emil ist heute ganz brav. Folgsam und ohne Gegenwehr und sturen Kopf lässt er sich auf eine neue Wiese mit saftigem Grün führen.

„Ach du meine Güte!", stöhnt der Bauer. „Heute habe ich nur Pech! Zuerst läuft mir das Schwein Fritz davon und dann stehlen zwei Füchse zu allem Unglück auch noch die fettesten Gänse des Bauernhofes!"

Doch zum Glück ist im Schweinestall alles friedlich. Die kleinen Ferkelchen kuscheln sich zufrieden an ihre Mama. Nur eines ist abenteuerlustig und macht sich auf, die Umgebung zu erkunden. Wie viele Ferkel zählst du?

„Fritz kommt bestimmt bald wieder zurück", denkt der Bauer und macht sich auf, die Sau mit ihren Kindern zu besuchen.

„Das gibt es doch gar nicht! Ich glaube, hier stimmt was nicht.“ Da kutschiert der Bauer sein wohlgenährtes Schweinchen in der Schubkarre durch die Gegend und selbst das sonst muntere Huhn macht es sich auf der Kappe des Bauern bequem. Hoffentlich legt es dort kein Ei.

Da kommen selbst die lauten Schnattergänse nicht mehr aus dem Staunen heraus. Unberührt von diesem Ereignis führt die fürsorgliche Katzenmutter die Jungen aus. Ein kleines Kätzchen läuft schon mutig allein voraus. Entdeckst du es?

Wie lecker! Auf diesem Bauernhof gibt es frische Eier zu kaufen. Deshalb sind die Hühner niemals faul und sorgen ständig für Nachschub.

Schweinchen Rosa hält nach den Kunden Ausschau. Hast du es schon entdeckt?

Und Kater Karlo interessiert sich natürlich nur für das kleine flinke Mäuschen. Aber heute ist er zu faul für die Mäusejagd. So kann sich das graue Tierchen, das natürlich schon einen großen Schrecken bekommen hat, schnell noch ins Mauseloch retten. So ein Glück!

So wird's gemacht

DAS BRAUCHEN SIE

* Fotokarton und ggf. Tonpapier in vielen verschiedenen Farben
* Transparentpapier
* Bleistift
* Anspitzer
* Bunt- und Filzstifte in verschiedenen Farben
* Bürolocher
* Kreisschablone (praktisch zum Herstellen von Kreisen und zum Aufmalen von Augen)
* Schere
* Cutter mit geeigneter Schneideunterlage
* Lineal
* evtl. Klebefilm
* Alleskleber
* Motivlocher „Blüte", ø 1 cm

1 Das Transparentpapier auf das ausgewählte Motiv auf den Vorlagenbogen legen und mit einem Stift alle benötigten Einzelteile ohne Überschneidungen übertragen. Es geht noch leichter, wenn das Transparentpapier mit etwas Klebefilm auf dem Vorlagenbogen fixiert wird.

2 Das Transparentpapier auf den jeweils farbig passenden Karton legen und mit einem spitzen Bleistift die entsprechenden Linien unter Druck nachfahren. So drückt sich die Linie auf den Karton durch. Die Drucklinien vor dem Ausschneiden evtl. mit einem Stift nachmalen, da sie so besser sichtbar sind. So lassen sich auch die Augen gut übertragen.

3 Die benötigten Einzelteile ausschneiden. Linien, Muster und Umrandungen aufmalen und das Motiv wie auf der Abbildung ersichtlich aufkleben. Da es sich um ein Wandbild handelt, können die Motive nur einseitig gearbeitet werden.

Hinweis: Da alle Modelle auf die gleiche Art angefertigt werden, gibt es zu ihnen keine separate Anleitung. Auf einzelne Materiallisten haben wir verzichtet, da auf den großen Abbildungen gut zu erkennen ist, was Sie benötigen.

TOPP-Tipps

Fotokarton

Alle Motive werden aus Fotokarton gebastelt. Sie können wunderbar Reststücke verarbeiten und die Farben nach Ihren Wünschen variieren. Kleine Details, wie zum Beispiel Muster und Verzierungen, können auch aus Tonpapier gefertigt werden. Es ist dünner und lässt sich einfacher verarbeiten.

Wangen röten

Die Wangen der lustig gestalteten Figuren in diesem Buch werden mit roten Buntstiftspänen gefärbt. Dazu wird mit einem Bleistiftspitzer, einer Cutterklinge oder Schmirgelpapier etwas Farbe vom Stift geschabt. Mit dem Finger den Buntstiftabrieb aufnehmen und mit leichtem Druck auf das Gesicht auftragen. So erhalten die Figuren hübsch rot gefärbte Wangen.

Details aufmalen

Um die Bastelarbeiten zu vereinfachen, können die gelben Schnäbel und orangefarbenen Füße von Hühnern und Enten aufgemalt werden. Auch die schwarzen Kuhflecken sind so ruck, zuck gezeichnet.

Umrandungen

Die Wolken, einige Sträucher und Einzelteile sind mit einem Filzstift umrandet. Dadurch wirkt das jeweilige Teil noch plastischer.

Blüten

Einzelne Blüten können schnell und einfach mit einem Motivlocher (ø 1 cm) gefertigt werden. Das Innenteil wird mit Filzstift aufgemalt.

Einzelmotive verwenden

Je nach Anlass und Wunsch können auch einzelne Motive aus dem kompletten Werk entnommen werden und Karten und Fenster schmücken. Die Größe der Bastelarbeiten können Sie mit Hilfe des Kopierers variieren.

Angelika Kipp lebt in Ibbenbüren, ist verheiratet und hat drei Kinder. In ihrem Beruf als Diplom-Sozialpädagogin arbeitete sie viele Jahre sehr kreativ mit Kindern, Jugendlichen und Erwachsenen. Anfang der 90er-Jahre entdeckte sie das Büchermachen für sich. Seitdem ist sie als Autorin beim frechverlag tätig und hat mehr als 200 liebevoll gestaltete Bastelbücher herausgebracht. Am liebsten arbeitet sie mit dem Werkstoff Papier. **Angelika Kipp** hat aber nicht nur gestalterisches Talent, sondern erfindet auch lustige und unterhaltsame Geschichten und Gedichte für Kinder. Die beste Inspirationsquelle sind Urlaube auf der Insel Sylt. Dort entstehen immer die schönsten Bastelideen und fröhlichsten Kindergedichte, die sicherlich auch in Zukunft noch Bücher füllen werden.

DANKE!

Wir danken den Firmen Ludwig Bähr und Heyda für die Bereitstellung von Materialien.

WIDMUNG

Für Lina, meine süße kleine Enkeltochter

TOPP – Unsere Servicegarantie

WIR SIND FÜR SIE DA! Bei Fragen zu unserem umfangreichen Programm oder Anregungen freuen wir uns über Ihren Anruf oder Ihre Post. Loben Sie uns, aber scheuen Sie sich auch nicht, Ihre Kritik mitzuteilen – sie hilft uns, ständig besser zu werden.

Bei Fragen zu einzelnen Materialien oder Techniken wenden Sie sich bitte an unseren Kreativservice, Frau Erika Noll.

mail@kreativ-service.info
Telefon 0 50 52 / 91 18 58

Das Produktmanagement erreichen Sie unter:

pm@frechverlag.de
oder:
frechverlag
Produktmanagement
Turbinenstraße 7
70499 Stuttgart
Telefon 07 11 / 8 30 86 68

LERNEN SIE UNS BESSER KENNEN! Fragen Sie Ihren Hobbyfach- oder Buchhändler nach unserem kostenlosen Kreativmagazin Meine kreative Welt. Darin entdecken Sie vierteljährlich die neuesten Kreativtrends und interessantesten Buchneuheiten.

Oder besuchen Sie uns im Internet! Unter www.frechverlag.de können Sie sich über unser umfangreiches Buchprogramm informieren, unsere Autoren kennenlernen sowie aktuelle Highlights und neue Kreativtechniken entdecken, kurz – die ganze Welt der Kreativität.

Kreativ immer up to date sind Sie mit unserem monatlichen Newsletter mit den aktuellsten News aus dem frechverlag, Gratis-Bastelanleitungen und attraktiven Gewinnspielen.

IMPRESSUM

FOTOS: frechverlag GmbH, 70499 Stuttgart; lichtpunkt, Michael Ruder, Stuttgart; Berthold Kipp (alle Arbeitsschrittfotos)
PRODUKTMANAGEMENT UND LEKTORAT: Claudia Mack
GESTALTUNG: Heike Köhl
DRUCK: L.E.G.O. S.p.A., Vicenza, Italien

Auflage: 5. 4. 3. 2. 1.
Jahr: 2014 2013 2012 2011 2010 [Letzte Zahlen maßgebend]

ISBN 978-3-7724-5725-8 • Best.-Nr. 5725

Frische Eier!